LA PRODUCTION

JOURNAL DE L'INDUSTRIE, DE LA LITTÉRATURE, DES ARTS

ET DES CONNAISSANCES UTILES

Bulletin Général des Ventes Immobilières

COMPLÉMENT DES FEUILLES D'ANNONCES LÉGALES DE PARIS ET DES DÉPARTEMENTS

Paraissant tous les jours pairs

ET SERVANT 75,000 ABONNÉS GRATIS, DONT 14,280 NOTAIRES ET AVOUÉS

LA PRODUCTION publiera chaque mois un **Album de l'Industrie** de 8 à 16 pages, in-4° oblong, renfermant les modèles des nouvelles productions industrielles, avec texte explicatif, gravures dans le texte et planches gravées ou lithographiées.

LA PRODUCTION, journal non politique, se composera de *quinze parties distinctes* qui formeront un RECUEIL COMPLET de tout ce qui peut intéresser, de tout ce que l'on désire connaître. — LA PRODUCTION prendra les six premières pages, au bas desquelles seront placées, en feuilletons, les ANNONCES INDUSTRIELLES.

Le BULLETIN GÉNÉRAL DES VENTES IMMOBILIÈRES sera l'*écho*, le COMPLÉMENT des Feuilles d'Annonces légales de Paris et des Départements, et spécialement destiné, par la reproduction d'EXTRAITS des annonces de de ventes immobilières publiées dans ces Feuilles, à en étendre la publicité sur tous les points de la France.

En nous proposant comme AUXILIAIRE, comme ORGANE SPÉCIAL de l'Industrie et comme COMPLÉMENT des Feuilles d'Annonces légales, nous devions nous appuyer sur un mode de publication qui pût assurer une publicité fructueuse, la *bonne*, la *vraie publicité*.

Le journal la PRODUCTION et BULLETIN GÉNÉRAL DES VENTES IMMOBILIÈRES se présentera donc avec 75,000 *abonnés gratis*, tous ayant une position notable ou tenant établissement public, — et offrira *de suite* une publicité qui pourra toujours être efficacement employée, — 1° par les

---

Se trouve : chez M. PILLOY, Imprimeur, boulev. Pigale, 50, à Montmartre.

Industriels, pour activer le placement de leurs produits ; — 2° par les Propriétaires qui ont des immeubles à vendre, pour appeler aux adjudications les personnes qui recherchent la propriété pour le placement de leurs capitaux.

Les quinze parties spéciales, paraissant chaque mois chacune à la même date, feront autant de JOURNAUX MENSUELS auxquels on pourra s'abonner séparément.

L'abonnement sera fixé à 3 fr. 50 cent. (12 publications par an).

Nous croyons ne pas exagérer en disant que, d'après le but d'utilité que nos journaux mensuels présenteront, nos 75,000 abonnés gratis, qui forment le fonds de la publicité de la PRODUCTION, ne tarderont pas à être plus que doublés, puisque, pour une dépense minime :

Les *agriculteurs* pourront se procurer un journal d'Agriculture qui les initiera aux progrès incessants de notre industrie agricole, progrès dont ils pourront faire leur profit ;

Les *amateurs de jardins*, un journal d'Horticulture, qui portera à leur connaissance les nouvelles productions obtenues par nos savants horticulteurs ; leur donnera la manière de bien cultiver et d'embellir leurs jardins ;

Les *industriels* et les *commerçants*, tous les renseignements qui pourront servir leurs intérêts ;

Les *gens du monde*, tenus au courant de toutes les anecdotes, de toutes les charmantes causeries qui ont élevé si haut la réputation de nos salons parisiens ;

Les *élégantes*, tout ce que le génie de la mode crée de nouveau et de séduisant ;

Les *financiers*, un résumé de la situation ; les fluctuations des fonds publics, des actions des chemins de fer, des entreprises industrielles dans le cours du mois ;

Les *personnes* qui désirent connaître les célébrités contemporaines, les verront successivement passer sous leurs yeux ; — celles qui cultivent les beaux-arts, la littérature, la musique, y trouveront également la satisfaction de leurs goûts artistiques ;

Les *ménagères* apprendront ce que l'art culinaire enseigne pour la préparation des aliments ; le secret de faire bonne chère avec économie ; les moyens de conservation ; la manière de faire les conserves, etc. ;

La *Revue judiciaire* annalysera les drames qui se dérouleront devant les cours d'assises, et rendra compte des débats qui ont lieu devant la police correctionnelle, débats souvent intéressants par le piquant et l'ingénuité de certains détails par trop intimes ;

Enfin, les *étrangers*, sous le titre : SEMAINE DU VOYAGEUR, trouveront les renseignements qui peuvent les guider pendant leur séjour à Paris.

Nous avons souvent entendu dire : « La publicité deviendra le meilleur auxiliaire auquel l'Industrie puisse avoir recours pour obtenir le placement prompt et avantageux de ses produits. »

Nous partageons cette pensée ; mais elle ne sera une vérité que quand les annonces seront lues, et lues surtout par les personnes assez favorisées de la fortune pour faire l'acquisition des objets annoncés.

Nous ajouterons, que cette prophétie, — l'utilité de la publicité, — qui, jusqu'alors, n'a eu que des résultats imparfaits, sera complétement réalisée par le mode de publication adopté par le journal la PRODUCTION, qui, à une publicité *chère* et *stérile*, substituera une PUBLICITÉ FRUCTUEUSE et A BON MARCHÉ !

LETTRE
A MESSIEURS LES INDUSTRIELS*

Messieurs,

Lorsque nos journaux politiques, imitant les feuilles anglaises, ouvrirent leurs colonnes aux annonces industrielles, cette innovation fut tout d'abord considérée comme chose avantageuse à l'Industrie ; mais alors il ne vint à la pensée de personne que nos habitudes, si différentes de celles du peuple anglais, seraient un obstacle à ce que la publicité des journaux politiques produisît chez nous les résultats satisfaisants qui sont obtenus en Angleterre.

En Angleterre, les affaires terminées, on rentre chez soi, où chacun fait de la lecture de son journal une sorte de récréation quotidienne.

En France, avant les affaires, chaque matin, aussitôt le journal reçu, on jette rapidement un coup d'œil sur le résumé qui se trouve à la première page pour se mettre de suite au courant des nouvelles du jour ; puis on le met dans sa poche, d'où on le tire pour en reprendre la lecture pendant une course en voiture ou tout autre loisir qui se présente ; mais très-souvent, avant que la lecture en soit achevée, arrive l'heure du dîner, puis d'une soirée, d'un concert, du spectacle ou d'un bal, et le reste du journal est sacrifié : les annonces ne sont pas lues. Cependant une sorte d'annonces, les *annonces-affiches*, faites en gros caractères, attirent l'attention des lecteurs, parce que ces annonces, qui ont généralement pour sujets de grandes entreprises industrielles ou commerciales, excitent la curiosité.

De ces faits ne résulte-t-il pas que la publicité des grands journaux politiques, pour les petites annonces, ne peut produire que très-irrégulièrement de bons résultats, et que l'Industriel, en usant de cette publicité, se jette dans une voie incertaine et dépense son argent à tout hasard ?

Et cette opinion nous a semblé être partagée par les grands journaux eux-mêmes quand nous avons lu l'article-*réclame* qu'ils ont publié sous le titre : *Annonces-anglaises* :

« Les *annonces-anglaises*, y disent-ils, créent dans la publicité l'égalité devant l'annonce. Lorsque les *annonces-affiches* existaient seules, le commerçant, l'industriel qui souvent ne pouvait faire qu'une annonce restreinte, voyait cette annonce *absorbée, écrasée* en quelque sorte par l'étendue et l'importance des annonces ou par les gros caractères employés pour leur impression.

---

* Si, comme nous l'espérons, nous obtenons le concours des Industriels, nous ajouterons au titre : Publié sous le patronage et avec le concours des Industriels.

« Les annonces-anglaises permettent, par suite de l'abaissement du prix (1 fr la ligne), de satisfaire à une des *conditions essentielles* pour que les annonces soient fructueuses : *nous voulons parler de leur répétition.*

« En souscrivant une police de 1,300 lignes, qui représentent une annonce de cinq lignes insérée, une fois par semaine, dans chacun des cinq grands journaux, qui ensemble font chaque jour un tirage de 130,000 exemplaires, cette annonce *coûtera 1,300 francs.*

« Or, ces cinq lignes suffisent pour une annonce sommaire. Ainsi RÉITÉRÉES, *tôt* ou *tard* ces annonces *pénètrent dans la mémoire* des lecteurs et portent leur fruit. — Tout fabricant, tout industriel, tout marchand qui veut faire connaître son nom, son adresse, l'indication et le prix de vente de ses produits, ne saurait recourir à un meilleur mode de publicité.

« Les annonces-anglaises, par leur place en tête des annonces, par l'unité de caractère et de justification, par leur classification, réunissent en effet toutes les conditions nécessaires au succès de la publicité. »

Cette place de faveur accordée aux petites annonces par les grands journaux produira-t-elle l'effet d'amener les lecteurs de ces journaux à apporter sur elles une attention plus grande que celle qui jusqu'ici leur a été donnée? Nous ne le croyons pas, car nous pensons que les annonces-anglaises, quoique placées en tête des autres annonces, ne changeront rien à la situation : elles ne feront pas que les personnes qui lisent les journaux quotidiens auront plus le loisir de lire les petites annonces que lorsqu'elles étaient ABSORBÉES, ÉCRASÉES par les annonces en gros caractères.

Et l'Industriel, par exemple, qui fait une petite annonce pour faire connaître un objet de nouveauté, de luxe, de goût ou de fantaisie, et dont le but est de faire naître, A L'INSTANT, chez les personnes qui lisent son annonce, le désir de l'acquérir, se décidera difficilement à faire une dépense de 1,300 fr. (*prix réduit*), si cette annonce doit avoir pour effet de faire connaître principalement son nom, son adresse, l'indication et le prix de ses produits, pour que TÔT ou TARD les lecteurs s'en souviennent.

De tout ceci faut-il conclure que les Industriels qui ne veulent pas faire les dépenses d'*annonces-affiches* doivent renoncer à la publicité et attendre que les clients se présentent dans leurs magasins pour leur faire connaître ce qu'ils possèdent en nouveautés, en articles de modes, de goût, de fantaisie, en objets riches et vraiment remarquables, et se reposer sur l'intelligence de leurs commis pour amener les visiteurs à faire emplette de choses qu'ils ne songeaient point à acheter en venant chez eux, puisqu'ils en ignoraient l'existence?

Non sans doute, car par une telle résolution, ils agiraient contre leurs intérêts.

Messieurs, ceux d'entre vous qui, comme nous, ont étudié la question de publicité relativement à l'Industrie et reconnu les avantages qu'elle peut procurer, sont aujourd'hui convaincus que ce n'est que par un journal spécial ayant une *publicité spéciale*, que l'attention pourra se fixer au moyen des annonces sur l'immense variété d'objets de prix que crée le génie de l'art industriel et faire prendre l'habitude aux personnes du monde de s'intéresser aux produits de l'Industrie, ainsi que cela a lieu pour les productions des Beaux-Arts.

Eh bien! Messieurs, c'est sur le projet d'établissement d'un tel journal que nous venons aujourd'hui appeler votre attention et vous demander votre concours pour arriver à sa réalisation.

Faire qu'à une publicité chère et presque stérile succède une publicité fructueuse et à bon marché, par laquelle les produits industriels obtiendront un prompt et facile écoulement, voilà quelle sera la mission de la PRODUCTION.

Messieurs, la Propriété, comme l'Industrie, n'a point dans la presse d'organe spécial qui puisse donner aux annonces de *Ventes d'immeubles* une publicité assez étendue, aussi les ventes de propriétés immobilières ne reçoivent-elles généralement qu'une publicité locale, et de cet état de choses il résulte que souvent les adjudications ne réunissent qu'un petit nombre d'acquéreurs, et que les biens sont vendus sans concurrence sérieuse.

En joignant au journal la PRODUCTION, le BULLETIN GÉNÉRAL DES VENTES IMMOBILIÈRES, nous nous mettons en position d'être utiles à deux grands intérêts du pays, l'Industrie et la Propriété, qui n'ont dans la presse aucun organe spécial en possession d'une publité assez étendue pour servir efficacement leurs intérêts. Le BULLETIN GÉNÉRAL DES VENTES IMMOBILIÈRES n'est point une concurrence que nous élevons aux Feuilles d'Annonces légales, au contraire nous nous présentons comme leur COMPLÉMENT, et leur offrons les moyens de faire sortir les annonces de la publicité locale où elles sont aujourd'hui circonscrites et de les répandre par toute la France.

Par notre publicité, les notaires et les avoués, qui tous seront au nombre de nos abonnés gratis, connaîtront tous les immeubles de quelque valeur mis en vente, et se trouveront ainsi en position de pouvoir satisfaire facilement aux demandes de ceux de leurs clients qui les chargeront d'achats d'immeubles pour le placement de leurs capitaux.

Messieurs, en appelant les Industriels et les Propriétaires des Feuilles d'Annonces légales à concourir à l'établissement de la *Production* et du *Bulletin général des Ventes immobilières*, les fondateurs prouvent qu'ils n'ont point en vue une affaire de spéculation, mais bien le désir de voir les Industriels devenir propriétaires d'un organe de publicité qui les affranchira du lourd tribut qu'ils paient aux grands journaux politiques, et leur donnera une publicité à la fois *fructueuse* et à *bon marché*.

Nous avons l'honneur d'être,

Messieurs,

Votre très-humble serviteur,

F. GARDET,
Employé en retraite.

Montmartre, le ... Juin 1855.

EXPOSÉ.

LA PRODUCTION.

LA PRODUCTION sera un journal non politique et paraîtra quinze fois par mois (les jours pairs); il sera in-folio, à quatre colonnes, et se composera de huit pages au moins, occupant une feuille de 72 décimètres carrés.

Les six premières pages, au bas desquelles seront placées, *en feuilletons*, les annonces industrielles, seront occupées par le journal.

Les 7e et 8e pages seront réservées au *Bulletin général des Ventes immobilières*.

Rédaction.

La rédaction sera de deux espèces : *générale* et *spéciale*.

GÉNÉRALE, relativement aux actes officiels ayant rapport à l'Industrie, à l'examen des questions qui toucheront aux intérêts de l'Industrie, aux découvertes utiles, aux faits qui pourraient intéresser la curiosité publique et faire du journal la PRODUCTION une lecture variée et intéressante.

A la sixième page sera placée la SEMAINE DU VOYAGEUR, qui contiendra les renseignements qui peuvent guider les étrangers pendant leur séjour à Paris.

SPÉCIALE, pour les quinze journaux mensuels, qui feront de la PRODUCTION un *Recueil complet* traitant des arts et des connaissances utiles, auxquels on pourra s'abonner séparément, et qui, chaque mois, paraîtront à la même date, savoir :

1° **Journal du Commerce;**
2° —— **de l'Industrie;**
3° —— **d'Agriculture;**
4° —— **d'Horticulture;**
5° —— **de la Littérature;**
6° —— **des Beaux-Arts;**
7° **Revue Dramatique;**
8° —— **Musicale;**
9° —— **des Salons, — Anecdotes;**
10° —— **Biographique, — Histoire;**
11° **Journal des Modes *, — Nouveautés;**
12° —— **d'Économie ménagère;**
13° —— **des Tribunaux;**

---

* Nous publierons chaque mois, comme COMPLÉMENT de la *Revue mensuelle des Modes*, un **Album** de gravures de modes, de dessins de broderie, de tapisserie, etc. Le prix peu élevé de cette publication et les soins qui lui seront donnés lui assureront beaucoup de souscripteurs parmi les 5,000 abonnés gratis qui recevront cette *Revue*.

14° Revue Financière;
15° Cours des Denrées et Marchandises.

Le prix de l'abonnement de chacun des quinze journaux mensuels sera fixé à 3 fr. 50 cent. (12 publications par an).

Produits nouveaux ou perfectionnés.

Seront admis, sous ce titre, à la première page du journal, les *faits* relatifs aux nouveaux produits ou à des perfectionnements.

Publicité.

La publicité du journal la Production s'appuiera sur une double base : l'*abonnement gratuit* et l'*abonnement payant*.

L'abonnement gratuit, qui est le fonds de sa publicité, sera fixé à 75,000 pour toute la durée du journal, quel que soit le nombre d'abonnements payants qu'il puisse obtenir.

Ces 75,000 abonnés gratis seront répartis entre les quinze journaux mensuels, soit : 5,000 pour chacun.

Le travail de répartition sera fait pour que chacun des quinze journaux mensuels ait un nombre égal d'abonnés gratis dans chaque quartier pour Paris, et dans chaque arrondissement pour les départements.

Le nombre d'abonnés gratis sera fixé :

Pour Paris et sa banlieue à 52,500. — Par journal mensuel, 3,500.
Pour les départements à . . 22,500. —   »   . . . 1,500.

     Total. . . . 75,000. —   »   . . . 5,000.

Deux listes générales, l'une, pour Paris et sa banlieue, de 52,500 noms, et l'autre, pour les départements, de 22,500, seront mises à la disposition des personnes qui donneront des insertions, lorsqu'elles auront le désir de prendre connaissance de notre service gratis.

Les abonnés payants formeront deux catégories :

Les abonnés à la Production, qui recevront les quinze journaux mensuels;

Et les abonnés aux journaux mensuels, qui recevront l'un ou l'autre de ces journaux.

Ceux de nos abonnés gratis qui s'abonneront à la Production (aux 15 journaux mensuels) auront droit de diminuer, sur le prix de leur abonnement, le prix du journal mensuel qu'ils recevaient gratuitement.

Et ceux qui s'abonneront à un ou plusieurs journaux mensuels continueront à recevoir gratuitement celui qui leur était envoyé.

La modicité du prix de nos journaux mensuels, dont la rédaction sera confiée à des hommes spéciaux, joint à leur but d'utilité, permet d'assurer que la publicité du journal la Production sera promptement plus que doublée, au grand avantage des personnes qui auront recours à sa publicité, puisque le prix des insertions restera toujours invariable comme le chiffre de ses 75,000 abonnés gratis, quel que soit le nombre d'abonnés payants qu'il obtienne.

Chaque publication de la Production portera le chiffre du nombre d'exemplaires auquel elle aura été tirée, et le chiffre au-dessus de 5,000 fera connaître le nombre des abonnés payants.

Les personnes qui donneront des insertions auront le droit, pour s'assurer de la vérité du chiffre du tirage annoncé, de demander communication du livret portant le nombre d'exemplaires reçus par l'administration des postes.

ANNONCES INDUSTRIELLES.

En vue d'éviter la confusion qui résulte toujours du placement des annonces dans une grande page, dans le journal la Production les annonces prendront la place qui est occupée par le feuilleton dans les autres journaux, sous un titre courant : Annonces industrielles.

Les feuilletons d'annonces seront à cinq colonnes, en caractère corps 6, et chaque objet annoncé prendra rang sous le titre de l'Industrie à laquelle il appartient. L'ordre alphabétique des diverses industries, tel qu'il existe dans l'*Annuaire du Commerce*, sera suivi, et les objets qui se trouveront en dehors de cette classification seront mis à la fin des feuilletons sous le titre : Divers.

BULLETIN GÉNÉRAL DES VENTES IMMOBILIÈRES

Complément des Feuilles d'Annonces légales de Paris et des Départements.

Le *Bulletin général des Ventes immobilières* occupera les 7e et 8e pages; il sera à cinq colonnes, de 215 lignes, en caractère corps 6.

Comme complément des feuilles d'annonces légales de Paris et des départements, le *Bulletin général des Ventes immobilières* sera spécialement consacré à la *reproduction*, par extraits, des annonces publiées dans les feuilles locales, relatives aux ventes de propriétés immobilières.

Y trouveront également place les annonces de ventes de riches mobiliers, de bibliothèques d'ouvrages rares ou précieux, d'objets d'art, de luxe ou de curiosité, et les annonces d'immeubles à louer, pour lesquelles une grande publicité est nécessaire.

Les annonces y seront classées dans l'ordre suivant:

Le département de la Seine prendra la tête sous le titre : PARIS, et les annonces seront divisées en Biens de ville et Biens ruraux.

Les annonces de ventes d'immeubles ayant lieu dans les départements viendront ensuite sous le titre : Département d......, et elles seront classées, par ordre alphabétique de département, sous le nom du département où se fera l'adjudication.

Les annonces de ventes de riches mobiliers, sous le titre : Ventes mobilières.

Celles de bibliothèques, d'ouvrages rares et curieux, sous le titre : Livres.

Celles d'objets d'art, de luxe ou de curiosité, sous le titre : Objets d'art, de luxe ou de curiosité.

Enfin, sous le titre : Location, les annonces d'immeubles à louer.

ALBUM DE L'INDUSTRIE.

Le journal la Production publiera chaque mois un Album de 8 à 16 pages in-4° oblong, renfermant les dessins des modèles des nouvelles productions industrielles : Bronzes, marbres, porcelaines, cristaux, meubles, tissus, machines, etc., etc., avec texte explicatif, gravures dans le texte, et planches gravées ou lithographiées.

En temps d'Exposition, l'Industrie règne pour ainsi dire seule; elle occupe alors tous les esprits; dans le monde elle est presque exclusivement le sujet des conversations : la richesse, la beauté, le bon goût, la variété infinie de ses produits excitent l'admiration. Mais, l'Exposition close, tout ce fracas s'évanouit, et bientôt l'Industrie se trouve tout aussi oubliée que si elle était tombée dans un état léthargique.

Eh bien ! l'Album se chargera, en reproduisant les dessins des œuvres nouvelles de l'Industrie, de prouver que le génie industriel ne connaît pas le repos, et que ses productions, comme toutes les œuvres d'art, sont dignes d'attirer incessamment l'attention publique.

L'Album sera donc une exposition permanente, une histoire de notre industrie *.

ANNONCES ET ABONNEMENTS.

Prix des insertions.

Le prix des insertions aux *Feuilletons d'annonces industrielles* et au *Bulletin général des Ventes immobilières* sera fixé :

A 40 centimes la ligne pour les annonces qui seront successivement publiées dans les quinze journaux mensuels ;

Et à 50 centimes ligne pour les annonces publiées seulement dans un ou quelques-uns des quinze journaux mensuels.

Le prix des insertions *Faits-industrie* qui seront admis à la première page du journal, sous le titre : Produits nouveaux ou perfectionnés, sera fixé à 1 fr. 25 cent. la ligne.

Le prix des *réclames*, qui seront admises aux faits divers ou à la fin des revues mensuelles, sera fixé à 1 franc la ligne.

Prix de l'abonnement.

Le prix de l'abonnement à la Production (aux quinze journaux mensuels) sera fixé à 40 francs pour l'année; 20 francs pour six mois, et 10 francs pour trois mois.

---

* L'*Album de l'Industrie* devant être une publication sérieuse et non une sorte de feuille d'annonces illustrées, la direction à lui donner sera déterminée par une commission nommée en assemblée générale, à la première réunion des membres de l'Union.

Le prix de l'abonnement pour chacun des quinze journaux mensuels (12 publications par année), sera fixé à 3 fr. 50 cent.

Le prix du numéro sera fixé à 30 cent.

Le prix de l'abonnement à l'*Album de l'Industrie* (12 publications par année), sera fixé à .....

Le prix de l'abonnement à l'*Album de la Revue des Modes*, gravures de modes, dessins de broderie, de tapisserie, etc. (12 publications par année), sera fixé à .....

DÉPENSES ET RECETTES.

Dépenses.

Les dépenses annuelles pour assurer le service de la PRODUCTION et BULLETIN GÉNÉRAL DES VENTES IMMOBILIÈRES, se composant de quinze journaux mensuels servant chacun 5,000 abonnés gratis (900,000 exemplaires pour l'année), s'élèveront, au plus haut, savoir :

Administration et rédaction générale.	25,400 fr
Rédaction des quinze journaux mensuels.	15,000
Composition, impression, pliage, etc.	35,000
Papier, 900 doubles rames, à 22 fr. la rame.	39,600
Timbre, 900,000 à 6 cent.	54,000
Poste, Paris et sa banlieue, 630,000 à 2 cent.	12,600
— Départements, 270,000 à 4 cent.	10,800
TOTAL.	192,400 fr.

Recettes.

Les recettes se composeront du produit des insertions faites aux *Feuilletons d'annonces industrielles* et au *Bulletin général des Ventes immobilières*; des insertions *Faits-industrie*, admis à la première page du journal sous le titre : PRODUITS NOUVEAUX OU PERFECTIONNÉS; des *réclames* admises aux FAITS DIVERS et à la fin des REVUES MENSUELLES, et des bénéfices sur les divers abonnements, savoir :

FEUILLETONS D'ANNONCES INDUSTRIELLES. — Les 30 colonnes des 6 feuilletons (85 lignes à la colonne) donnent un total de 2,550 lignes, réduites, pour titres et blancs, à 2,200 lignes par numéro. — Pour les 180 numéros annuels, 396,000 lignes, à 40 cent. la ligne. .... 158,400 fr.

BULLETIN GÉNÉRAL DES VENTES IMMOBILIÈRES. — Les 10 colonnes (215 lignes à la colonne) donnent un total de 2,150 lignes, réduites, pour titres et blancs, à 2,000 par numéro. — Pour les 180 numéros annuels, 360,000 lignes, à 40 cent. la ligne. 144,000

FAITS-INDUSTRIE, sous le titre : *Produits nouveaux ou perfectionnés*, au prix de 1 fr. 25 cent. la ligne. .... *Mémoire.*

RÉCLAMES admises aux *Faits divers* ou à la fin des *Revues*, au prix de 1 franc la ligne. .... *Mémoire.*

ABONNEMENTS A LA PRODUCTION (les 15 journaux mensuels), au prix de 40 fr. .... *Mémoire.*

A reporter .... 302,400 fr.

Report.	302,400 fr.
Abonnements aux quinze journaux mensuels, au prix de 3 fr. 50 cent. l'un (12 numéros par année)	*Mémoire.*
Abonnements a l'Album de l'Industrie (12 publications par année), au prix de	*Mémoire.*
Abonnements a l'Album de la Revue des Modes (12 publications par année), au prix de	*Mémoire.*
Produits.	302,400 fr.
Dépenses.	192,400
Excédant.	110,000 fr.

Cet excédant est obtenu en dehors du produit des insertions *Faits-industrie* et *réclames* et des *bénéfices* sur les divers abonnements, dont le chiffre devra s'élever assez haut.

Si la publicité des quinze journaux mensuels était demandée pour toutes les annonces, chaque mois 4,200 lignes seulement pourraient trouver place dans la Production. Sans trop de présomption, vu le bon marché et la spécialité de notre publicité, on peut admettre qu'il en sera ainsi, et que dès lors des suppléments seront faits pour les lignes reçues au-dessus de ce nombre, et que le chiffre de produit donné ci-dessus pour les *Feuilletons d'Annonces industrielles* et le *Bulletin général des Ventes immobilières* obtiendra un grand accroissement.

Voici un exemple qui pourra faire apprécier quels peuvent être les résultats qui seront obtenus par notre mode de publicité, et les dépenses peu élevées qu'il exigera :

Aux Feuilletons d'Annonces industrielles et au Bulletin général des Ventes immobilières, une annonce de 6 lignes, insérée dans l'un des quinze journaux mensuels, coûtera, à 50 cent. la ligne, 3 fr. pour parvenir à 5,000 de nos abonnés gratis ; — et cette annonce, publiée successivement dans les quinze journaux mensuels, coûtera, à 40 cent. la ligne, 36 fr. pour parvenir à nos 75,000 abonnés gratis, au nombre desquels sont tous les établissements publics de France et 14,280 notaires et avoués.

PROJET D'ACTE D'UNION.

Si les Industriels, auxquels nous nous adressons, partagent avec nous la pensée que l'Industrie ne peut obtenir que par un journal spécial les résultats que jusqu'ici elle a vainement demandés à la publicité des grands journaux politiques, et veulent, en participant à l'établissement du journal la Production, s'assurer la possession d'une publicité à la fois fructueuse et à bon marché, dont la Propriété sera appelée à partager les avantages, par la réunion du Bulletin général des ventes immobilières au journal la Production, l'Union pourrait se constituer sur les bases ci-après:

Une Société en nom collectif à l'égard du gérant et en commandite à l'égard des personnes qui formeront l'Union et deviendront soumissionnaires ou porteurs d'actions, est créée pour la publication et l'exploitation d'un journal non politique ayant pour titre : LA PRODUCTION et BULLETIN GÉNÉRAL DES VENTES IMMOBILIÈRES.

Le fonds social est fixé à 500,000 francs, divisés en 1,000 actions de 500 francs chacune.

Les actions sont nominatives ou au porteur.

Les actions au porteur seront divisées en coupons de 100 francs.

Le prix des actions nominatives pourra s'effectuer mensuellement en dix versements égaux.

Chaque action nominative donne droit :

1° A un abonnement à la PRODUCTION pour toute la durée de la Société;
2° A régler en un mandat à dix mois de date le prix des insertions faites pour le compte de sa maison.

Ainsi, pour les membres de l'Union, les déboursés pour le paiment des insertions ne commenceront qu'après le versement du dernier dixième de l'action, — et les dividendes qu'ils recevront diminueront d'autant leurs dépenses d'insertions.

Sur les mille actions formant le fonds social, deux cents actions resteront à la souche et ne pourront en être détachées et mises en émission que pour servir à l'établissement de l'ALBUM DE L'INDUSTRIE et de l'ALBUM DE LA REVUE DES MODES, et avec l'autorisation des membres de l'Union réunis en assemblée générale.

La Société sera connue sous le nom de COMPAGNIE DE LA PRODUCTION et BULLETIN GÉNÉRAL DES VENTES IMMOBILIÈRES.

Toutes les dépenses seront faites au comptant, et le gérant ne pourra, dans aucun cas, dépasser le chiffre fixé par l'état général de dépenses annuelles arrêté en Assemblée générale.

Chaque année, dans la première quinzaine de l'avant-dernier mois de l'année sociale, le gérant remettra à la Commission de surveillance, un état des dépenses proposées pour l'année suivante, pour lesdites dépenses être examinées, discutées, arrêtées, avant la fin de l'année courante, et être ensuite soumises à l'approbation des membres de l'Union, réunis en Assemblée générale annuelle.

Les membres de l'Union se réunissent chaque année en Assemblée générale; ils peuvent être convoqués extraordinairement.

Chaque action donne droit d'y assister ou de s'y faire représenter.

En séance annuelle, il sera procédé à la nomination des membres qui composeront :

1° La COMMISSION DE PUBLICITÉ, sous les yeux de laquelle seront établies les listes des 75,000 abonnés gratis, qui se composeront des principaux habitants; de tous les notaires et avoués; de tous les établissements publics et lieux de réuion (cercles, sociétés, etc.) de France; des principaux hôtels meublés, et de tous les hôtels, à Paris, où descendent les commissionnaires d'achats de la province.

2° La COMMISSION DE SURVEILLANCE, chargée de veiller à ce que le gérant se conforme aux obligations qui lui sont imposées par les statuts de l'Union, et de s'assurer que les services gratuits se font en conformité des dispositions arrêtées par la Commission de publicité pour en assurer l'exactitude.

Aussitôt que les adhésions représenteront le chiffre porté aux dépenses annuelles (*voir* page 10), l'Union pourra se constituer, et les adhérents seront convoqués en Assemblée générale.

Dans cette réunion, lecture de l'acte de Société sera donnée, et l'Assemblée, après avoir entendu les observations qui pourront lui être soumises et y avoir fait droit s'il y a lieu, prononcera l'adoption de l'acte d'Union.

Ceux de MM. les adhérents qui ne se présenteront pas à cette réunion ou ne s'y feront pas représenter, seront considérés comme retirant leurs adhésions, et on disposera des actions ou coupons d'actions qui leur auraient été réservés.

Avant leur convocation MM. les adhérents recevront un exemplaire de l'acte d'Union.

A MESSIEURS LES PROPRIÉTAIRES

DES FEUILLES D'ANNONCES LÉGALES.

MESSIEURS,

En unissant le *Bulletin général des Ventes immobilières* à *la Production*, journal de l'Industrie, nous avons eu surtout en vue de donner satisfaction aux réclamations qui sont élevées en faveur des ventes de propriétés immobilières, contre la publicité trop restreinte qu'elles reçoivent par les feuilles d'annonces légales, et le but que nous nous sommes proposé est de nous faire l'*écho* de ces feuilles, et non de leur créer une concurrence; aussi le *Bulletin général des Ventes immobilières* se présente-t-il modestement comme **complément** des feuilles d'annonces légales de Paris et des départements. — Faire quelque chose d'utile, satisfaire à un besoin reconnu sans qu'aucun préjudice en résulte pour personne, telle est la pensée qui nous a dirigés.

La partie industrielle occupant la tête du journal, nous avions la résolution de réclamer spécialement, pour son établissement, le concours de MM. les Industriels, réunis à Paris pour l'Exposition universelle, et de nous présenter à la Propriété avec notre service de 75,000 abonnés gratis, tout organisé et fonctionnant, puis alors de réclamer de votre obligeance, Messieurs, d'être nos intermédiaires auprès des notaires et des avoués pour les annonces qui réclament une grande publicité.

Telles étaient nos dispositions arrêtées, et nous allions faire imprimer notre *Lettre à MM. les Industriels*, lorsqu'il nous a été remis l'un des grands journaux politiques de Paris, dans lequel nous avons lu l'article suivant:

« On nous prie d'appeler l'attention du gouvernement et de la magistrature sur
« le fait et les considérations qui suivent :
« L'Etat, par le droit qu'il prélève sur toutes les mutations de propriété, soit à
« titre gratuit, soit à titre onéreux, a un intérêt direct à ce que toutes les pro-
« priétés mises en vente se vendent au plus haut prix possible, et conséquemment
« à ce que la publicité nécessaire aux ventes immobilières soit aussi efficace que
« possible. Or, c'est précisément ce qui n'a pas lieu pour le plus grand nombre
« des immeubles mis en vente. La publicité est restreinte le plus souvent aux cinq

« journaux suivants : *Petites affiches,* — *Affiches parisiennes,* — *Moniteur des*
« *ventes,* — *Gazette des Tribunaux,* — *Droit.*
   « Or, le tirage de ces cinq journaux ne s'élève pas à 2,000 exemplaires, l'un dans
« l'autre, soit, ensemble, 10,000 exemplaires. Et cependant, ces cinq journaux
« réunis prélèvent, pour les frais d'une publicité trop restreinte et trop spéciale
« pour être efficace, plus de 500,000 francs par an sur le prix d'immeubles vendus
« souvent au-dessous de leur valeur réelle, par défaut de publicité suffisante.
   « Est-ce qu'il n'y aurait pas lieu de prendre certaines mesures ayant pour objet
« et pour effet de donner une publicité plus grande et plus réelle, notamment aux
« adjudications qui ont lieu, les unes, chaque mardi à la chambre des notaires de
« Paris; les autres, à l'audience des criées du Palais de Justice?
   « Tous les propriétaires sont intéressés à ce que rien ne soit négligé de ce qui
« peut élever ou maintenir le prix des immeubles. C'est en leur nom que sont
« adressées les observations qui précèdent. »

   L'insertion de ces lignes, demandée au nom et dans l'intérêt des propriétaires,
pourrait paraître avoir pour but la reprise de l'ancien projet d'établir un journal
unique d'annonces légales pour toute la France, et pour lequel, disait-on, on
s'était mis en instance pour en obtenir le privilége. Peu de personnes ont connu
ces menées, dont le succès aurait frappé de mort tous nos journaux d'arrondisse-
ments et causé la ruine de leurs propriétaires, aussi attribue-t-on généralement
une autre portée à l'attaque dirigée aujourd'hui contre les feuilles désignées pour
recevoir les annonces légales du département de la Seine, et veut-on voir dans
l'appel fait au gouvernement et à la magistrature, un moyen détourné de s'adres-
ser au public, auquel les grands journaux ont pris soin de faire connaître leur
tirage, et de lui dire :
   « Les cinq grands journaux politiques de Paris font ensemble un tirage de 130
mille exemplaires ;
   « Les cinq journaux qui reçoivent les annonces légales ne font ensemble qu'un
tirage de 10 mille exemplaires ;
   « Donc, si la publicité la plus grande est recherchée pour les annonces légales,
à la désignation prochaine, les 130 mille devront sûrement l'emporter sur les
10 mille, — et les 500,000 francs qu'on versait dans leurs caisses pour prix d'une
publicité restreinte, entreront dans celles des 130 mille. »

   Une telle solution de la question de publicité, qui sans nul doute sera soulevée,
serait-elle avantageuse aux annonces de ventes immobilières? — Nous ne le pensons pas, car les annonces, autres que les annonces-affiches, sont peu ou point
lues dans les grands journaux politiques quotidiens, et, de l'aveu même de ces
journaux (*Voyez* page 4), les annonces-anglaises ne sont fructueuses qu'à une
condition essentielle, leur *répétition.* Depuis vingt ans que la publicité des grands
journaux est ouverte à l'industrie, si cette publicité était fructueuse, verrait-on aujourd'hui les industriels donner leurs annonces à cette multitude de petites feuilles
qui paraissent une ou deux fois par mois, et dont la publicité est pour ainsi dire
restreinte aux établissements publics, dans lesquels elles sont lues par les personnes qui attendent les journaux politiques en lecture.

   L'article que nous venons de citer serait par sa nature peu obligeant pour la magistrature, si l'on ne savait que les magistrats chargés de la désignation des
journaux qui doivent recevoir les annonces légales se sont toujours renseignés
avant de se prononcer, et que leur choix a toujours porté sur des journaux qui,
par leur position spéciale, pouvaient le mieux servir les intérêts de la propriété.

   Mais la facilité des communications, la promptitude avec laquelle les plus grandes distances peuvent être maintenant parcourues ont amené un changement notable dans la valeur d'un très-grand nombre de propriétés qui se trouvent placées près des parcours des voies ferrées, et de cette amélioration il en est résulté que la publicité locale est aujourd'hui insuffisante.

Ce nouvel état de choses, qui place les feuilles locales dans une situation défavorable, nous l'avions prévu, et nous nous étions occupés des moyens de leur venir en aide quand l'urgence serait venue.

En conséquence nous avions songé à l'établissement d'un *Bulletin général des Ventes immobilières*, comme **complément** des feuilles d'annonces légales et destiné à donner une grande publicité aux ventes immobilières par la reproduction, *par extraits*, des annonces publiées dans ces feuilles.

Notre plan arrêté, nous l'avions communiqué, il y a déjà quelques années, puis, sur le conseil qui nous a été donné, nous l'avions livré à l'impression afin de pouvoir recueillir un plus grand nombre d'avis. Le résultat a été, tout en reconnaissant les avantages qui seraient obtenus par la création d'un **complément** aux feuilles d'annonces légales, que le besoin n'en était pas encore assez généralement senti pour être assuré de réunir les adhésions nécessaires pour assurer son établissement, que dès lors nous avons cru devoir ajourner.

Aujourd'hui, les feuilles d'annonces légales sont vivement attaquées à cause de leur publicité restreinte et leur existence se trouve menacée; c'est au nom et dans *l'intérêt* des propriétaires qu'on appelle l'attention du gouvernement et qu'on demande s'il n'y aurait pas lieu de prendre certaines mesures ayant pour effet de donner une publicité plus grande et plus réelle aux annonces de ventes de propriétés immobilières. » — Aujourd'hui, on s'en prend aux cinq journaux de Paris : songez-y, Messieurs, votre tour viendra plus tard.

Le moment est donc venu de songer à l'établissement du **complément** des feuilles d'annonces légales, et c'est dans un intérêt de conservation que nous venons, Messieurs, vous demander votre concours pour créer la voie nouvelle de publicité qui peut seule donner aux annonces de ventes immobilières la *bonne*, la *vraie* publicité et aussi la publicité *à bon marché*.

Le Bulletin général des Ventes immobilières, COMPLÉMENT des feuilles d'annonces légales de Paris et des départements, aura pour fonds de publicité 75,000 abonnés gratis (notables ou tenant établissements publics), et, si nous en croyons l'opinion de personnes qui ont bien voulu prendre connaissance de notre mode de publication et en apprécier les résultats, notre chiffre de publicité gratis serait promptement plus que doublé, et le **complément** des feuilles d'annonces légales présenterait alors une publicité supérieure à celle des cinq grands journaux politiques, qui ensemble font un tirage de 130,000 exemplaires.

C'est afin d'arriver à un tel résultat que, suivant les avis et les conseils de personnes éclairées, la rédaction du journal s'occupera spécialement de ce qui peut intéresser, de ce que l'on désire connaître, et formera un recueil qui sera divisé en quinze parties distinctes qui, paraissant chaque mois, à la même date, formeront autant de journaux mensuels auxquels on pourra s'abonner séparément.

Le but d'utilité que, sous tous les rapports, présentera notre publication, les services qu'elle sera en position de rendre, ont été appréciés par des écrivains qui se sont fait un nom par des études spéciales, et promesse nous a été faite qu'ils concourraient à notre œuvre en se chargeant de la rédaction des parties qui seraient de leur compétence.

Messieurs, par votre adhésion à l'Union qui a pour but l'établissement de *la Production*, journal de l'Industrie, et du *Bulletin général des Ventes immobilières*, COMPLÉMENT des feuilles d'annonces légales de Paris et des départements, vous ajouterez à la publicité de votre feuille les 75,000 abonnés du **complément**, auxquels vous pourrez faire connaître, *par extraits*, les ventes immobilières que vous aurez publiées, et la grande publicité réclamée aujourd'hui pour la Propriété sera obtenue par un faible accroissement de dépenses.

— En outre, l'existence de votre journal ne pourra se trouver compromise par des attaques semblables à celles que vos confrères de Paris viennent de subir.

Nous avons l'honneur d'être,

Messieurs,

Dans l'attente de votre adhésion à l'Union,

Votre très-humble serviteur,

F. GARDET,
Employé en retraite.

Montmartre, le Juillet 1855.

UN DERNIER MOT.

Messieurs, nous ne terminerons pas sans vous faire part de nos appréhensions.

Nous savons que dans notre pays, — nous n'essaierons pas ici d'en signaler les causes, — une sorte d'indifférence accueille presque toujours ce qui paraît sortir de la voie ordinaire. La froideur est telle pour ce qui s'écarte de nos habitudes, que toute innovation a besoin d'être appuyée, patronnée pour se produire avec succès; aussi croyons-nous devoir solliciter des ADHÉSIONS MOTIVÉES, avec autorisation de les publier, de la part des Industriels qui, ayant lu notre brochure, partageront la pensée que le mode de publication que nous avons adopté est le seul qui puisse garantir que les annonces seront lues et lues surtout par les personnes assez favorisées de la fortune pour faire l'acquisition des objets annoncés, et par lequel la publicité deviendra le meilleur auxiliaire auquel l'Industrie puisse avoir recours pour obtenir le placement prompt et avantageux de ses produits.

La PRODUCTION et le BULLETIN GÉNÉRAL DES VENTES IMMOBILIÈRES réunis paraîtra provisoirement une fois par semaine, avec quatre pages seulement, et prendra le cours de ses publications, tel qu'il se trouve indiqué dans notre *Exposé*, aussitôt que le service des 75,000 abonnés sera organisé et en position de fonctionner régulièrement.

Les adhésions motivées que nous recevrons et les annonces que nous invitons MM. les industriels à nous envoyer seront publiées dans les numéros provisoires qui, comme *specimen*, seront tirés à grand nombre.

Les adhésions à l'Union doivent faire mention du nombre d'actions ou de coupons d'actions pour lequel on a l'intention d'y prendre part, et être adressées (*franco*) à M. F. GARDET, 36, boulevard Pigale, à Montmartre.

Montmartre. — Imp. PILLOY.

206

www.ingramcontent.com/pod-product-compliance
Ingram Content Group UK Ltd.
Pitfield, Milton Keynes, MK11 3LW, UK
UKHW021716090726
13657UKWH00005B/2291